긍정 파워가 퐁퐁 샘솟는
25가지 말과 행동

자존감은 나를 소중히 안아 줘요

어린이 생활 사전 03 자존감
자신을 아끼고 긍정하는 마음

자존감은 나를 소중히 안아 줘요

1판 1쇄 발행 2024년 8월 30일
1판 2쇄 발행 2025년 8월 10일

김수현 글 · 장선환 그림
펴낸곳 머핀북 · 펴낸이 송미경 · 편집 skyo0616 · 디자인 최수정
출판등록 제2022-000122호 · 주소 서울시 마포구 신촌로2길 19 마포출판문화진흥센터 304호
전화 070-7788-8810 · 팩스 0504-223-4733 · 전자우편 muffinbook@naver.com
인스타그램 muffinbook2022 · 블로그 blog.naver.com/muffinbook

©김수현, 장선환 2024

ISBN 979-11-93798-13-3 73190

책값은 뒤표지에 있습니다.
잘못된 책은 구입하신 서점에서 바꾸어 드립니다.
이 책은 저작권법에 따라 보호받는 저작물이므로 무단 전재와 복제를 금합니다.
이 책의 내용을 이용하려면 반드시 저작권자와 머핀북의 동의를 받아야 합니다.

어린이제품 안전특별법에 의한 기타표시사항
제품명 도서 | 제조자명 머핀북 | 제조국명 한국 | 사용연령 8세 이상
KC마크는 이 제품이 공통안전기준에 적합하였음을 의미합니다.

긍정 파워가 퐁퐁 샘솟는
25가지 말과 행동

자존감은 나를 소중히 안아 줘요

김수현 글 장선환 그림

머핀툰

나를 소중히 여기는 마음,
자존감

자존감은 '나를 소중히 여기는 마음, 나를 긍정적으로 바라보는 마음'이에요. 자존감이 높은 사람은 표정부터 달라요. 또렷한 눈빛, 생기 있는 몸짓! '나는 내가 좋아. 난 뭐든 잘 해낼 수 있어!' 하는 마음이 팍팍 느껴지죠.

이런 사람한테는 유독 행운이 따르는 것처럼 보여요. 늘 좋은 일만 생기는 것 같고요. 왜냐하면 자꾸만 성공하고, 자꾸만 해내니까요. 그런데 아니랍니다. 불운한 일도 많이 생겨요. 그저 불운한 일에 실망하지 않을 뿐이죠. 실패를 겪어도 좌절하지 않으니까, 그 실패를 결국에는 성공으로 바꾸는 거예요.

그런데 내 마음을 긍정적인 생각으로 가득 채우는 일은 쉽지 않아요. '나는 왜 이것밖에 못 할까?', '내가 그렇지, 뭐.', '노력해도 어차피 실패할 거야.'라는 부정적인 생각이 자꾸만 스멀스멀 솟아나거든요. 이런 마음을 물리치는 일은 어른들도 어려워서 끊임없이 노력한답니다.

어떻게 노력하냐고요? 책도 읽고, 명상도 하고, 운동도 하면서 마음을 다스려요. 제가 이 책을 쓴 이유도 바로 이것이랍니다. 여러분 마음속에 꿈틀거리는 부정적인 생각은 흐릿하게 만들고, 긍정적인 생각이 또렷해지도록 이 책이 도와줄 거예요. 재미있게 읽고 힘차게 운동도 해 봐요. 여러분은 잘할 수 있어요!

이 책에는 자존감이 낮고, 긍정 파워가 부족한 친구들의 고민이 실려 있어요. 여러분이라면 친구들에게 어떤 말을 해 주고 싶은지 퀴즈를 풀면서 생각해 보세요. 그러는 사이 여러분 마음속에도 긍정 파워가 자연스럽게 충전될 거예요.

김수현

차례

작가의 말 나를 소중히 여기는 마음, 자존감   4

나를 사랑하기

- 01 나는 키도 작고 못생겼어   8
- 02 내가 잘해야 사랑받을 것 같아   12
- 03 자꾸만 실수하는 내가 바보 같아   16
- 04 하고 싶은 일도, 되고 싶은 것도 없어   20
- 05 친구들에게 멋진 모습만 보여 주고 싶어   24

있는 그대로 인정하기

- 06 가난한 우리 집이 싫어   28
- 07 사소한 것도 모두 이기고 싶어   32
- 08 가족과 친구들이 나보고 특이하대   36
- 09 가족의 기대가 부담스럽고 자신 없어   40
- 10 열심히 노력했는데 다 망쳤어   44

걱정과 불안 멀리하기

- 11 발표할 때마다 틀려서 긴장돼   48
- 12 어차피 나는 안될 거야   52
- 13 내 생각을 솔직하게 말하기 어려워   56
- 14 안 좋은 일이 생길까 봐 불안해   60
- 15 학급 회장이 되고 싶은데 망설여져   64

부정적인 마음 몰아내기

16	내 편은 아무도 없는 것 같아	68
17	모두 행복한데 나만 불행한 것 같아	72
18	작은 일에도 화나고 짜증 나	76
19	끈기 없는 내가 한심해	80
20	동생이 없으면 좋겠어	84

작은 것부터 도전하기

21	무엇을 어떻게 해야 하는지 모르겠어	88
22	혼자서는 아무것도 못 하겠어	92
23	모든 것이 귀찮고 하기 싫어	96
24	잘하고 싶은데 마음대로 안돼	100
25	뭐든 잘하는 친구가 부러워	104

| 부록 1 | 단점을 장점으로! 리프레이밍 연습 | 108 |
| 부록 2 | 긍정 파워를 심어 주는 리프레이밍 목록 | 111 |

나는 키도 작고 못생겼어

키 크고 잘생긴 연예인을 보다가 거울 속 내 모습을 보면 초라한 기분이 들어. 키도 작고 못생긴 날 누가 좋아하겠어? 아무도 안 좋아하는 게 당연해.

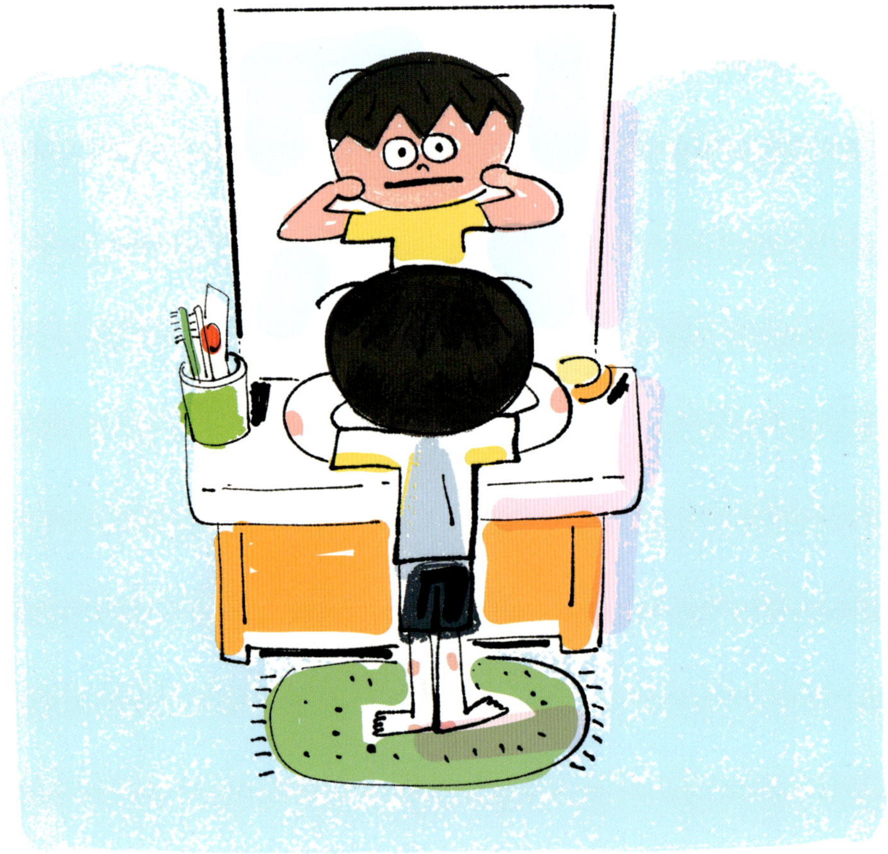

무슨 소리야. 넌 충분히 매력 있어.
웃을 때 진짜 네 매력이 나온다고.

비싸고 멋진 옷을 사서 입어 봐.
그러면 덜 초라해 보일 거야.

우리가 아무리 노력해도 연예인처럼
될 순 없어. 그냥 포기해.

'멋진 선택'은 다음 쪽에서 확인!

멋진 선택 1

이런! 예쁘고 멋진 사람들에게 부러운 마음이 들었군요. 그런 마음이 생기는 건 당연해요. 하지만 겉모습에만 집중하다 보면 정말 중요한 걸 놓칠 수 있어요. 바로 그 사람이 가지고 있는 내면의 가치 말이에요. 내면의 가치라니, 좀 어려운 말이죠? 쉽게 설명하면 여러분 한 명, 한 명이 가지고 있는 특별한 매력이에요. 이 매력은 출중한 외모에서 나오는 게 아니라, 함께 지내다 보면 은은하게 느껴지는 성품에서 나온답니다. 지금 머릿속에 여러분의 가장 친한 친구를 떠올려 보세요. 여러분은 그 친구가 멋지고 키가 크고 잘생겨서 좋아하나요? 아마 여러분은 그 친구가 편하고, 함께 있으면 기분 좋고, 행복해지니까 좋아하고 있을 거예요.

똑같아요. 여러분을 진정으로 좋아하는 사람은 외모가 아니라 여러분이 가진 내면의 가치 때문에 좋아하는 것이랍니다. 그러니 자신감을 가져요. 그리고 그 누구보다 자신을 많이 사랑해 주세요.

💬 **자존감을 키우는 말 연습**

📓 **자존감이 자라는 글쓰기**

거울 앞에서 나를 가만히 들여다보세요. 외모 중에 마음에 들거나 자랑스러운 곳은 어디예요? 그 이유도 함께 적어 보세요.

내가 잘해야 사랑받을 것 같아

나는 혼자서 척척 숙제를 하고 공부도 열심히 해. 책도 진짜 많이 읽어. 그런데 사실은 이렇게 하지 않으면 부모님이 날 사랑하지 않을까 봐 걱정돼. 그래서 열심히 하는 거야.

잘하고 있어. 그렇게 계속 노력하면 부모님이 엄청 좋아하실 거야.

책 정리, 신발 정리도 해 봐. 이것 말고도 칭찬받는 방법이 많아. 알려 줄까?

네가 어떤 모습이든 부모님은 널 무척 사랑하실걸?

'멋진 선택'은 다음 쪽에서 확인!

멋진 선택 3

누군가에게 칭찬받고 사랑받는 것은 참 기분 좋은 일이죠. 어른인 선생님도 칭찬을 받으면 너무 뿌듯하고, 누군가 나를 좋아한다고 느끼면 얼마나 행복한지 몰라요. 그렇지만 모든 일을 다른 사람에게 칭찬받으려고, 사랑받기 위해서 할 필요는 없어요. 특히 부모님은 여러분의 존재 자체를 사랑하고 계세요. 그러니까 여러분이 열심히 노력하는 일은 부모님께 사랑받기 위해서, 부모님을 기쁘게 하기 위해서가 아니라 여러분 자신을 위해서 해야 해요. 부모님은 여러분이 순수하게 노력하는 그 모습을 보는 것만으로도 충분히 행복하실 거예요.

그리고 부모님 외에도 여러분이 어떤 모습이든 상관없이 사랑해 주는 고마운 사람들이 많아요. 그러니까 칭찬받기 위해서가 아니라 그냥 나를 위해서 열심히 노력하기로 해요.

💬 자존감을 키우는 말 연습

내가 어떻든 부모님은 나를 사랑해.

나 자신을 위해 노력하자.

🖊️ 자존감 높이기 활동

혹시 부모님, 선생님께 칭찬받지 못하더라도 속상해하지 말아요. 열심히 노력한 내게 셀프 칭찬을 해 주면 돼요! 이때 필요한 칭찬 카드를 만들어 보세요.

나를 칭찬합니다!

- 언제 : 2024년 8월 30일

- 무엇을 칭찬할까요?

방을 깨끗이 치웠어요.

나를 칭찬합니다!

- 언제 :

- 무엇을 칭찬할까요?

자꾸만 실수하는 내가 바보 같아

미술 시간에 종이접기를 하는데 생각처럼 잘 안돼. 게다가 똑같은 실수를 계속 반복하니까 내가 바보처럼 느껴져. 정말 속상해.

실수를 하지 않는 게 실력이야. 그러니까 똑같은 실수를 반복해선 안 돼.

실수 좀 했다고 실패한 건 아니야. 실수해도 괜찮아. 조금씩 발전하고 있으니까.

실수할 것 같으면 아예 하지 마. 괜히 실수해서 비참한 기분을 느낄 필요 없잖아?

'멋진 선택'은 다음 쪽에서 확인!

멋진 선택 2

이 세상에 실수를 하지 않는 사람이 있을까요? 미국의 발명가 에디슨도 실수투성이였다는 사실, 알고 있나요? 에디슨은 수없이 실수하면서 많은 것을 깨닫고 배웠다고 해요. 그 결과, 전구를 비롯한 1,300여 개의 발명품을 남겼지요.

물론 실수가 자꾸 반복되면 자신이 너무 한심하고 비참한 기분이 들 거예요. 하지만 왜 실수했는지 그 이유를 가만히 생각해 보세요. 그래서 실수를 조금씩 줄여 나가다 보면 점차 성공에 가까워질 거예요. 그러니까 실수가 곧 실패는 아닌 겁니다. 그 수많은 실수 덕분에 여러분은 곧 성공을 거두게 될 거예요. 실수를 두려워하지 마세요. 선생님은 오히려 이렇게 말해 주고 싶어요.

"여러분은 충분히, 많이 실수해 봐야 해요. 그러는 동안 분명히 조금씩 성장할 거예요."

💬 자존감을 키우는 말 연습

 누구나 실수해. 실수해도 괜찮아.

실수가 실패는 아니야.

📓 자존감이 자라는 글쓰기

지금 생각해도 너무 창피한 실수를 떠올려 보세요. 왜 그런 실수를 했는지, 그 일을 통해 내가 얻은 것은 무엇인지 써 보세요.

● 내가 했던 실수 :

● 실수한 이유 :

● 실수를 통해 깨달은 점 :

하고 싶은 일도, 되고 싶은 것도 없어

오랜만에 만난 친척 어른들이 나에게 좋아하는 것, 하고 싶은 것이 뭐냐고 물으셨어. 그런데 난 어떤 것도 관심이 없고 꿈도 없어서 할 말이 없었어. 이런 내가 한심하게 느껴져.

친한 친구 꿈을 따라 해 봐. 친구가 좋아하는 거면 너도 흥미로울걸?

너 자신을 천천히 알아 가며 좋아하는 것을 찾아봐. 서두르지 않아도 돼.

어른들에게 정해 달라고 부탁해. 어른들 말씀 들어서 나쁠 건 없으니까.

'멋진 선택'은 다음 쪽에서 확인!

멋진 선택 2

어떤 친구들은 자신이 무엇이 되고 싶은지, 무엇을 갖고 싶은지, 무엇을 먹고 싶은지, 어디에 가고 싶은지 분명하게 알고 있어서 적극적으로 자신의 생각을 이야기하고 주장하지요. 하지만 그 반대의 성향을 가진 친구도 있어요. 이런 친구들은 내가 지금 무엇을 원하는지 잘 모르는 경우도 많아요. 그런데 두 친구 모두 지극히 정상입니다. 그러니 너무 걱정하지 않아도 돼요. 어른들이 무엇이 되고 싶냐고 물으시면 이렇게 대답해 보세요.

"아직 찾고 있는 중이에요."

우리는 누구나 자신에 대해 천천히 알아 가는 시간이 필요해요. 조급해하지 말고 자신이 무엇을 좋아하는지, 어떤 일에 흥미가 많은지 관심을 기울여 보세요. 인생에서 내가 원하는 꿈을 찾는 것만큼 중요한 일은 없어요. 당연히 시간을 가지고 깊게 고민해야 할 문제예요. 서두르지 않아도 된답니다.

💬 자존감을 키우는 말 연습

나에 대해 천천히 알아보자.

나는 지금 좋아하는 것을 찾는 중이야.

자존감 높이기 활동

아래 빈칸에 나의 미래상을 그린 뒤, 이러한 모습이 되려면 어떤 준비를 해야 하는지 적어 보세요.

- 내가 꿈꾸는 미래의 모습 :

- 직업 :

- 내가 해야 할 일 :

05 친구들에게 멋진 모습만 보여 주고 싶어

오늘은 내가 제일 좋아하는 머리띠를 하고 학교에 갈 거야. 친구들에게 좋은 모습, 완벽한 모습만 보이고 싶어.

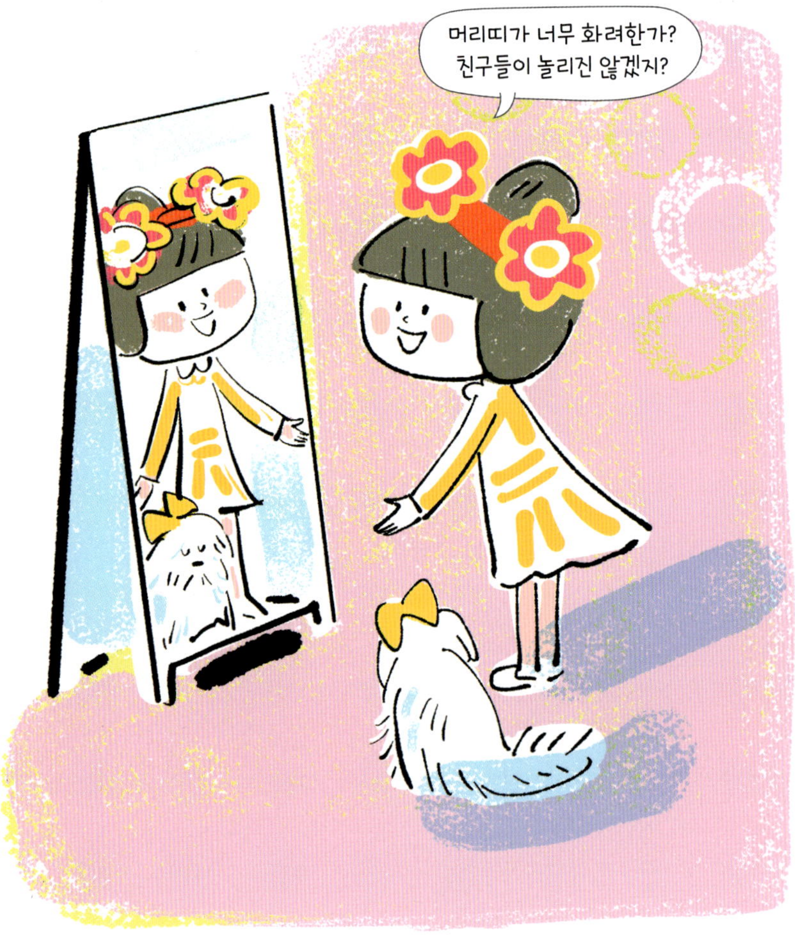

그래, 좋은 모습만 보여 줘. 안 그러면 친구들이 너한테 크게 실망할 거야.

완벽한 사람은 없어. 너의 부족한 면도 이해하고 아껴 주는 사람이 진짜 친구야.

뭘 그런 걸 걱정해? 혹시 친구가 놀리면 너도 친구 약점을 찾아서 똑같이 놀려.

'멋진 선택'은 다음 쪽에서 확인!

멋진 선택 2

주변 사람들을 실망시키지 않으려고 무척 신경 쓰는군요. 하지만 이 세상에 완벽한 사람이 있을까요? 정말로 완벽해 보이는 사람들조차도 가만히 보면 부족한 점이 분명히 있답니다. 그러니 혹시 여러분에게 모자라는 점이 있더라도 그건 너무 당연한 것이에요. 주눅 들 필요 없어요.

사실 우리가 다른 사람에게 좋은 모습만 보이고 싶어 하는 이유가 또 하나 있지요. 바로 내가 멋지고 근사해야 모두가 날 사랑해 줄 거라고 믿기 때문이에요. 하지만 천만에요! 여러분을 진정으로 아끼는 사람은 여러분이 완벽하지 않아도 항상 여러분 편에 서 줄 거예요. 여러분의 부족함까지 이해해 주고 아껴 주는 사람이 진짜 좋은 사람이랍니다.

💬 자존감을 키우는 말 연습

 이 세상에 완벽한 사람은 없어.

 나를 아끼는 사람은 나의 부족함까지 감싸 줘.

📝 자존감이 자라는 글쓰기

여러분에게 두 명의 친구가 있어요. 한 명은 단점 하나 없이 완벽해서 내가 실수하면 얼굴을 찌푸려요. 반면 다른 친구는 실수투성이지만 내가 어떻든 너그럽게 이해해 줘요. 여러분은 어떤 친구와 친하게 지내고 싶어요? 그 이유도 함께 적어 보세요.

- 친하게 지내고 싶은 친구 :

- 친하게 지내고 싶은 이유 :

가난한 우리 집이 싫어

부자인 친구의 새 신발, 넓은 집, 멋진 자동차를 보면 부러워. 이러면 안 되는데 부모님이 원망스럽기까지 해. 어른이 되면 돈을 많이 벌어서 떵떵거리며 살고 싶어.

우쭐우쭐

부러워만 하지 말고 빨리 부자가 되는 법을 찾아보는 게 어때?

절약하는 습관부터 길러. 아껴야 잘산다는 말도 있잖아.

조금 부족하더라도 네가 누리고 있는 것에 감사하는 마음을 가지면 좋겠어.

'멋진 선택'은 다음 쪽에서 확인!

멋진 선택 ③

멋진 차, 넓은 집, 새 신발! 세상에는 가지고 싶은 물건도, 먹고 싶은 음식도, 가고 싶은 곳도 참 많아요. 그것들을 모두 이루려면 정말 많은 돈이 필요해요. 그래서 사람들은 부자가 되고 싶어 하지요.

부자가 되면 행복할 것 같지요? 하지만 모든 부자가 다 행복한 건 아니랍니다. 왜냐하면 제아무리 엄청난 부자라고 해도 자신이 가진 것에 만족하기 어렵거든요. 이처럼 사람의 욕심은 끝이 없어요. 자신이 누리고 있는 것에 감사할 줄 모른다면 아마 채워도 채워도 부족하다고 느낄 것이고, 그럼 그 누구보다 불행할 거예요.

부자가 되는 것보다 중요한 건, 돈을 어떻게 쓰느냐 하는 거예요. 조금 부족하더라도 내가 가진 돈을 보람 있고 가치 있게 쓸 줄 아는 태도가 가장 중요하답니다. 자신이 가진 것에 늘 감사한 마음을 갖고, 바르게 소비할 줄 아는 여러분이 되기를 바랍니다.

💬 자존감을 키우는 말 연습

부자라고 무조건 행복한 건 아니야.

내가 가진 것에 감사하자.

📔 자존감이 자라는 글쓰기

돈이 없으면 초라하고 불행하게 느껴진다고요? 하지만 여러분 주위를 둘러보면 돈이 많지 않아도 행복하게 지내는 사람들이 분명히 있어요. 어떤 사람들이 행복해 보이는지, 그 이유가 무엇일지 적어 보세요.

● 행복해 보이는 사람들 :
_____
_____

● 행복해 보이는 이유 :
_____
_____
_____
_____

07 사소한 것도 모두 이기고 싶어

가족들과 보드게임을 하는데 연속으로 지니까 너무너무 화가 났어. 아주 사소한 것이라도 지는 건 딱 질색이야. 뭐든지 이기고 싶어.

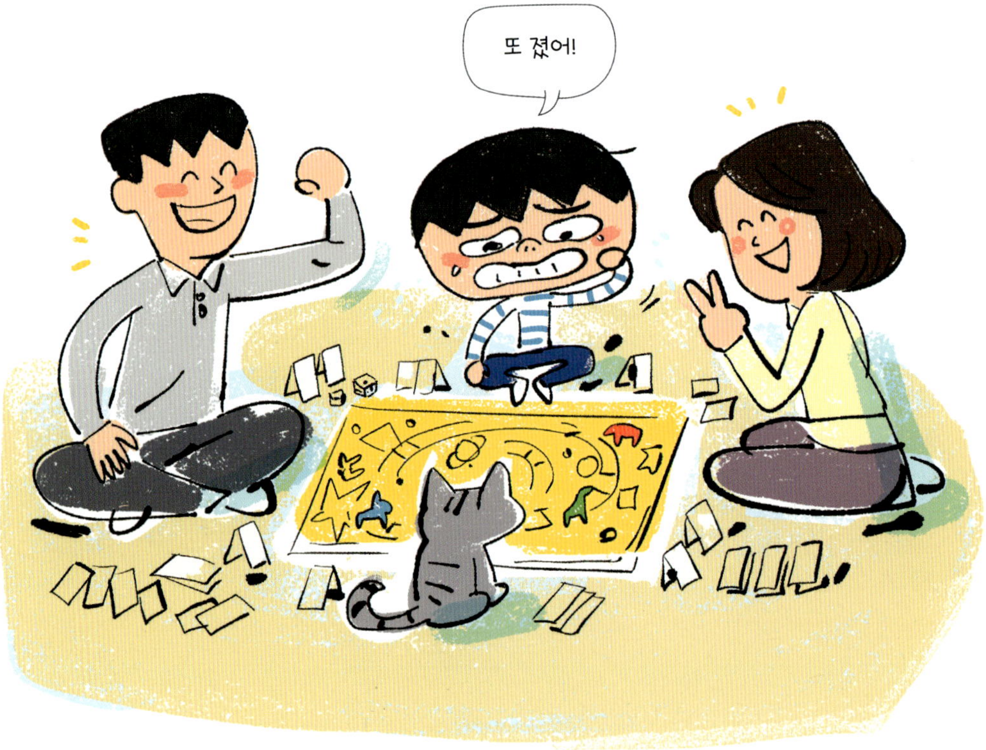

이기는 것보다 그 과정을 즐기고 열심히 참여하는 모습이 더 멋진 거야.

이길 때까지 계속해. 마지막에 이기는 사람이 진짜 승자라고!

너보다 약한 상대를 골라서 하는 건 어때? 그럼 항상 이길 수 있잖아.

'멋진 선택'은 다음 쪽에서 확인!

멋진 선택 1

승부를 겨루는 상황에서 지고 싶은 사람은 아무도 없을 거예요. 누구나 이기고 싶답니다. 이기고 싶은 사람은 많은데, 승자는 대개 딱 한 사람뿐이니 서로 다투고 토라지는 상황이 많이 생기지요.

그렇지만 1등, 이기는 것보다 중요한 것은 최선을 다하는 마음과 태도랍니다. 최선을 다하는 과정 속에서 즐거움을 발견한 사람은 졌다고 해서 상대방과 다투거나 짜증 내거나 토라지지 않아요.

올림픽에서 아쉽게 메달을 따지 못한 선수가 자신을 이긴 선수에게 다가가 꼭 안아 주며 축하한다고 말하는 장면을 봤을 거예요. 너른 마음으로 상대를 진심으로 축하하는 선수의 모습은 전 세계 많은 사람들에게 감동을 주기 충분하지요. 그러니 혹시 지더라도 최선을 다한 자신을 스스로 칭찬해 주세요. 그리고 승리한 상대방을 축하해 줄 수 있는 넉넉한 사람이 되길 바랍니다.

💬 자존감을 키우는 말 연습

 1등보다 최선을 다하는 태도가 중요해.

경쟁 속에서도 얼마든지 즐거움을 찾을 수 있어.

📝 자존감이 자라는 글쓰기

1등은 놓쳤지만 자신이 자랑스럽거나 뿌듯했던 경험이 있나요? 왜 그런 기분을 느꼈는지 이유도 함께 적어 보세요.

● 졌지만 기분이 좋았던 경험 :

● 이유 :

● 당시의 나에게 해 주고 싶은 말 :

가족과 친구들이 나보고 특이하대

백화점에서 마음에 쏙 드는 옷을 발견했어. 신나서 입어 보는데 가족들이 "너 정말 특이하다!"라면서 이상한 사람처럼 쳐다보았어. 내가 뭔가 잘못한 거야?

모두가 그렇게 말할 땐 다 이유가 있는 거야. 네 취향을 바꿔 봐.

네 생각이 무조건 옳아. 사람들이 네 생각을 받아들이도록 잘 설득해 봐.

특이할 순 있지만 그게 너만의 개성 아닐까? 다른 사람 말에 휘둘릴 필요 없어.

'멋진 선택'은 다음 쪽에서 확인!

멋진 선택 3

특이하면 나쁜 건가요? 아뇨, 그렇지 않아요. 특이하다는 건 '나만이 가진 특별한 점'이라는 의미도 돼요. 이렇게 다른 사람과 구별되는 그 사람만의 특징을 '개성'이라고 해요. 여러분이 만약 딸기 우유를 정말로 좋아한다면, 주변의 많은 사람들이 딸기 우유만 봐도 여러분을 떠올릴 거예요. 그러니까 나만의 개성이 있다는 건 좋은 거예요. 여러분을 확실하게 알릴 수 있는 강력한 무기를 가졌다는 뜻이니까요.

그리고 여러분이 좋아하는 것이 누군가에게 피해를 주거나 불쾌하게 만드는 것이 아니라면 다른 사람의 시선을 신경 쓸 필요 없어요. 그러니 그 개성을 당당히 유지하도록 해요. 특이하다는 말에 속상해하지 말고, 나다운 모습을 솔직하게 표현해 보세요.

💬 자존감을 키우는 말 연습

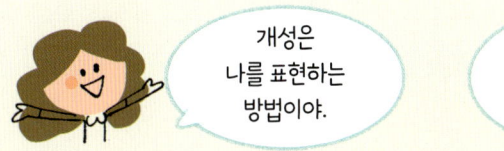

🖍️ 자존감 높이기 활동

가족과 함께 나무를 그린 뒤 이름을 지어 주세요. 각 나무의 모양이 어떻게 다른지, 왜 그렇게 그렸는지 이야기해 보세요. 서로의 취향과 개성을 잘 알게 되고 존중하게 될 거예요.

아빠 나무	엄마 나무	나의 나무
● 이름 :	● 이름 :	● 이름 :

가족의 기대가 부담스럽고 자신 없어

피아노 콩쿠르 날이 다가올수록 가족의 기대가 점점 커지고 있어. 모두 엄청 응원해 주는데, 난 오히려 너무 부담스럽고 자신감도 자꾸 떨어져.

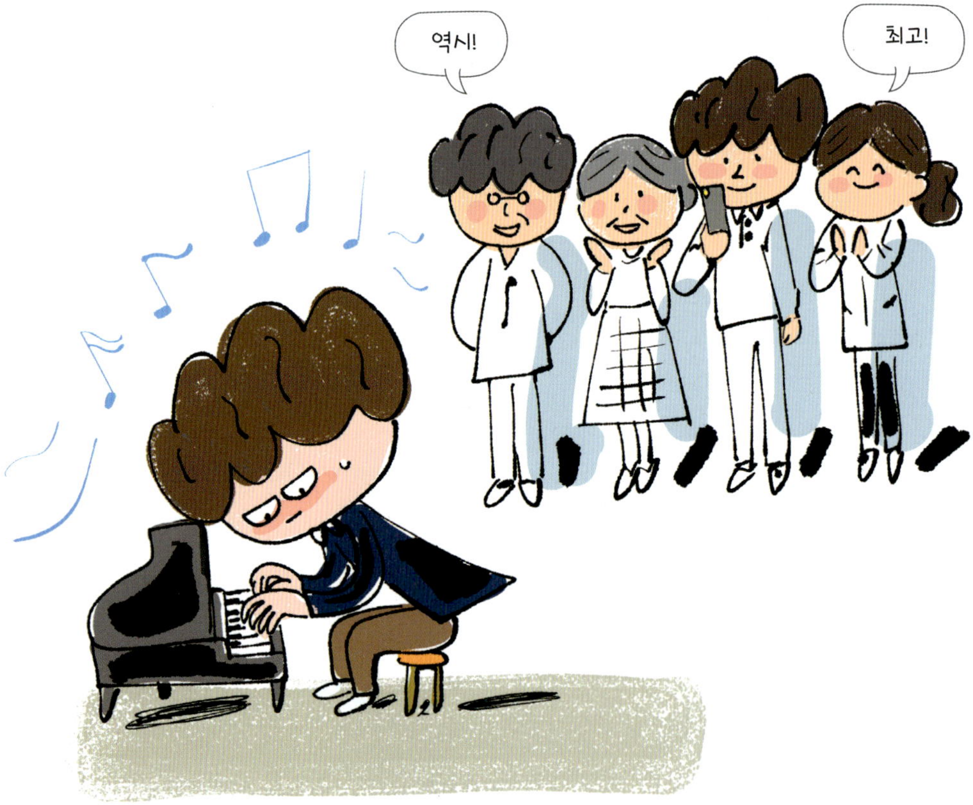

실수할까 봐 두렵다고 솔직하게 털어놔. 기분이 한결 나아질 거야.

너에 대한 기대가 엄청 큰데 실망시켜선 안 돼. 절대 실수하지 마!

네가 잘할 거라고 믿는 건 그분들 마음이야. 신경 쓰지 말고 그냥 흘려 버려.

'멋진 선택'은 다음 쪽에서 확인!

멋진 선택 1

우리 신경 쓰지 말고 편하게 해.

가족이나 주변 사람들이 여러분에게 기대를 거는 이유는, 여러분이 충분히 잘 해낼 거라고 믿어서예요. 또 여러분이 좋은 성과를 거두기를 진심으로 바라고 응원하는 마음이 크기도 하고요. 하지만 때로는 너무 큰 기대와 응원이 마음을 짓누르고 엄청난 부담으로 다가올 거예요. 그 마음 충분히 이해해요.

그래서 마음이 불안하고 자신감이 떨어진다면, 혼자서 끙끙 앓으며 고민하지 않고 가족에게 솔직하게 털어놓으세요. 콩쿠르를 준비하면서 마음이 많이 힘들고, 너무 긴장돼서 평소 실력을 발휘하지 못할까 봐 걱정된다고요. 그럼 기분이 한결 좋아질 거예요.

그리고 여러분 자신을 믿어 보세요. 마음을 굳게 먹고 "나는 할 수 있다!"고 되뇌어 보세요. 분명 마음이 훨씬 편안해질 거예요.

💬 자존감을 키우는 말 연습

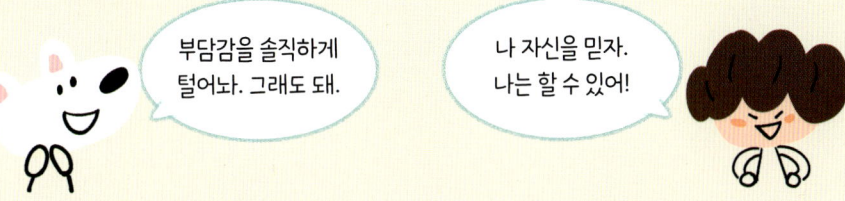

자존감 높이기 활동

최근에 들었던 말 중에 여러분에게 '용기를 준 말', '힘이 된 말'을 메모지에 적으세요. 그런 다음 잘 보이는 곳에 붙여 보세요. 글귀를 볼 때마다 자신감이 쑥 자랄 거예요.

- 용기를 준 말 :

- 힘이 된 말 :

- 누가, 언제, 왜 :

- 누가, 언제, 왜 :

열심히 노력했는데 다 망쳤어

50미터 달리기 대회 반 대표로 뽑혀서 하루도 빠짐없이 열심히 연습했어. 그런데 경기 당일, 실수로 넘어져서 꼴찌로 들어왔어. 마음이 너무 괴로워.

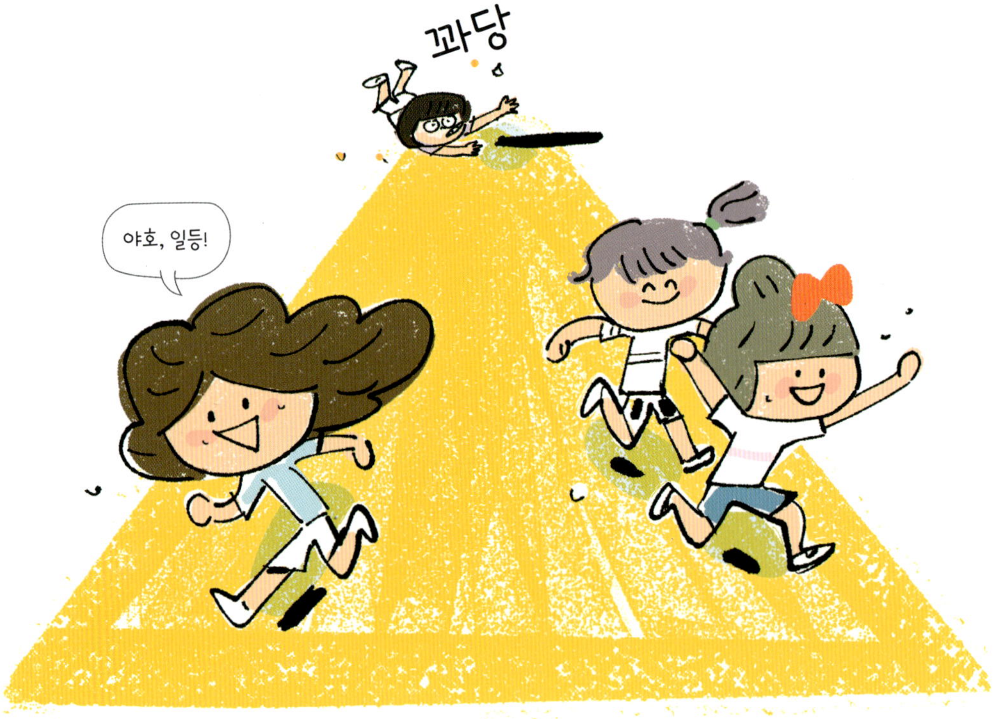

그동안 노력한 게 너무 아깝다.
선생님께 재시합을 건의해 봐!

결과가 아쉽긴 하지만 그동안
열심히 노력한 넌 이미 최고야.

속상해한다고 결과가 달라지진
않아. 이미 늦었어.

'멋진 선택'은 다음 쪽에서 확인!

멋진 선택 2

때로는 노력한 것에 비해 결과가 볼품없을 때가 있어요. 그러면 힘이 쭉 빠지고 억울해서 눈물이 찔끔 나기도 하지요. 결과가 완벽했다면 좋았겠지만, 세상일이 내가 원하는 대로 다 되지는 않는답니다. 그렇지만 여러분 자신은 아마 잘 알고 있을 거예요. 얼마나 최선을 다했는지 말이에요. 여러분은 스스로를 칭찬해 줄 자격이 있어요. 결과에 상관없이 열심히 노력한 자신을 마음껏 칭찬해 주세요.

그리고 노력한 것들이 모두 사라져 버린 것 같아 어깨가 축 처지나요? 아니요, 절대 그럴 필요 없어요. 여러분이 열심히 노력했던 것들은 자신에게 고스란히 쌓여 있어요. 이번에는 결과가 좋지 않았지만, 다음번에는 분명 더 좋은 결과로 나타나 마음을 뿌듯하게 해 줄 거예요. 성실하게 노력한 것은 절대 사라지지 않아요. 조금 아쉽더라도 우리 다음번의 성공을 위해 잠시 숨을 고르기로 해요!

💬 자존감을 키우는 말 연습

열심히 노력한 날 칭찬해.

노력한 건 사라지지 않아. 잘 간직하자.

자존감 높이기 활동

최선을 다한 나에게 어떤 상을 주고 싶나요? 멋지게 상 이름을 짓고 예쁘게 꾸며 보세요.

예) 우주 최고 노력상 / 스스로 척척상 / 매일 꿈꾸는 상

_____ 상

이름 : _____

위 사람은 _____

_____

이 상장을 드립니다.

나를 소중히 여기는 나로부터

11 발표할 때마다 틀려서 긴장돼

친구들 앞에서 큰 목소리로 나의 꿈을 발표해야 하는데 지난번에 실수했던 일이 자꾸 떠올라. 모두 나만 보는 것 같아 더 긴장돼.

떨리는 염소 목소리로 말하느니 그냥 입을 꾹 다무는 게 나아.

이번에도 실수하면 친구들이 진짜 우습게 볼 거야. 완벽하게 해야 해!

목소리가 크게 나오지 않더라도, 숨을 깊이 쉬면서 천천히 또박또박 말해 봐.

'멋진 선택'은 다음 쪽에서 확인!

멋진 선택

천천히!

사람은 누구나 실수해요. 그래서 아직은 어린 여러분이 실수하는 것도 당연하고요. 무엇보다 어린이는 실수하는 모습조차 대견하고 기특해요. 실수를 했다는 것은, 용기를 내어 무언가에 도전했다는 뜻이거든요. 그러니 완벽하게 잘 해내려는 생각보다, 틀려도 괜찮으니 차근차근 해 보려는 태도를 가지면 좋겠어요.

특히 사람들 앞에서 말할 때는 더 긴장될 거예요. 그럴 때는 숨을 깊게 들이마셔 보세요. 숨을 잘 고른 뒤 아주 천천히 한 글자, 한 글자 또박또박 말해 봐요. 목소리가 너무 작다고요? 괜찮아요. 앞으로 점점 커질 거니까요. 그리고 적당한 긴장은 집중력을 높여 준다고 해요. 그러니 어렵겠지만 긴장을 즐겨 보려고 노력해 보아요.

아, 그리고 친구들이 내 실수를 모두 기억하고 있을 것 같죠? 그런데 절대 그렇지 않아요. 다른 친구들도 자신의 발표를 준비하느라 잔뜩 긴장하거든요. 여러분이 엄청 떨리는 것처럼요!

💬 자존감을 키우는 말 연습

 실수하더라도 다음에 또 기회가 있어.

떨리는 건 당연해. 숨을 천천히 크게 쉬어 봐.

📝 자존감이 자라는 글쓰기

긴장되는 마음을 꾹 참고 열심히 해 본 일이 있나요? 어떤 일이었는지, 그때 기분이 어땠는지 적어 보아요.

- 떨리는 마음을 누르고 도전한 일 :

- 당시 나의 기분 :

- 깨달은 점 :

12 어차피 나는 안될 거야

텔레비전에서 축구 선수의 멋진 모습을 보니 축구를 배우고 싶어졌어. 그런데 막상 엄마가 권하니 자신이 없어. 아무리 해도 난 축구 선수처럼 잘하지 못할 거야.

고된 훈련을 생각하니 끔찍하지? 고민하지 마. 어려운 일은 시작 안 하는 게 좋아.

기초부터 차근차근, 작은 것부터 하나씩 도전해 봐. 너도 할 수 있어!

일단 시작했다가 힘들거나 재능이 없으면 재빨리 그만둬.

'멋진 선택'은 다음 쪽에서 확인!

멋진 선택 2

피아노를 잘 치는 사람, 달리기를 잘하는 사람, 노래를 잘 부르는 사람, 글씨를 잘 쓰는 사람, 만들기를 잘하는 사람, 그림을 잘 그리는 사람. 세상에는 정말 대단한 사람들이 많아요. 이렇게 재주가 뛰어난 사람들과 나를 비교하기 시작하면 내 모습이 너무 초라한 것 같고, 형편없어 보이기까지 할 거예요.

그런데 여러분이 꼭 알아야 할 것이 있어요. 여러 분야에서 정말 뛰어난 실력을 보여 주는 사람들도 처음에는 우리랑 비슷했을 거예요. 누구나 처음부터 완벽할 순 없으니까요. 그러니까 '난 재능이 없어.', '난 안될 거야.' 하면서 지레 포기하지 말아요. 여러분이 거뜬히 해낼 수 있다고 생각되는 아주 작은 목표부터 하나씩 도전해 보는 거예요. 나는 할 수 있다고 되뇌면서, 성공한 내 모습을 상상하세요. 그리고 긍정적인 마음으로 시작해 보세요.

💬 자존감을 키우는 말 연습

 다른 사람과 비교하지 마.

움츠리지 말고 나를 긍정적으로 바라봐.

자존감 높이기 활동

나에게 알맞은 운동을 규칙적으로 하면 기분이 훨씬 좋아지고 자신감도 키울 수 있어요. 자투리 시간에 간단히 할 수 있는 운동을 찾아서 계획을 세워 보아요.

건강 UP! 자신감 UP! 운동 계획표

- 운동 종목 :

- 운동 시간(횟수) :

- 장소 :

- 준비물 :

♥ 나와의 약속을 지키기 위해 꼭 노력하세요!

13 내 생각을 솔직하게 말하기 어려워

모둠 친구들과 역할극을 준비하는 중이야. 그런데 꼭 맡고 싶은 역할을 있다고 솔직하게 말하지 못했어. 괜히 분위기가 어색해질까 봐. 그런데 매번 양보만 하니까 속상해.

친구 기분을 생각해서 꾹 참았구나. 잘했어. 네 덕분에 모둠 분위기가 좋았잖아.

솔직하게 말해도 괜찮아. 의견은 같을 수도 있고 다를 수도 있어.

다람쥐 역할을 잘 못하면 친구들이 널 비난할 거야. 그냥 친구들이 시키는 대로 해.

'멋진 선택'은 다음 쪽에서 확인!

멋진 선택

친구와 이야기하다 보면 생각이 완전히 다를 때가 있어요. 그럴 때마다 친구 눈치를 보느라 솔직하게 말하지 못하고 머뭇거렸나요? 친구가 기분 나빠할까 봐, 친구가 나를 싫어할까 봐 걱정되어서요? 하지만 우리는 모든 사람과 마냥 좋을 순 없어요. 좋은 관계를 유지하는 것에 집착하다 보면 괴로워진답니다. 친구의 마음에 들기 위해 기분을 맞춰 주거나 내 생각을 말하지 않고 참으면 결국 자신을 잃어버릴 수 있어요. 그러니 앞으로는 그러지 말기로 해요.

그리고 늘 친구 의견만 따라가다 보면, 나중에는 친구들이 여러분의 생각을 아예 묻지도 않을 거예요. 친구를 배려하는 마음은 훌륭하지만, 자신의 진심을 숨기면서까지 그럴 필요는 없답니다. 때로는 "우리 생각이 서로 다르네. 네 생각이 틀린 건 아니지만, 이번에는 나에게 양보해 줄 수 있을까?"라고 당당히 요구하세요. 아마 친구들도 여러분의 솔직한 생각이 궁금할 거예요.

💬 자존감을 키우는 말 연습

우리는 모두 생각이 달라.

눈치 보지 말고 솔직하게!

📝 자존감이 자라는 글쓰기

친구 눈치가 보여서 하고 싶은 말을 못한 적이 있나요? 지금 다시 그 상황에 처한다면 어떤 표정으로 어떻게 말할지 자세히 적어 보세요.

● 솔직히 말하지 못한 경험 :

● 이유 :

● 지금의 나라면? :

14 안 좋은 일이 생길까 봐 불안해

내일 현장 체험 학습을 가는데, 이런저런 걱정 때문에 잠이 안 와. 왠지 안 좋은 일이 생길 것 같아 마음이 너무 불안해.

겁이 너무 많네. 계속 그러면 친구들이 널 겁쟁이라고 놀릴 거야. 그만해.

그렇게 걱정되면 인터넷으로 대비책을 찾아봐. 마음이 편해질 거야.

미리 걱정한다고 달라지지 않아. 대신 너에게 일어날 즐거운 일을 상상해 봐.

'멋진 선택'은 다음 쪽에서 확인!

멋진 선택 3

미리 걱정하는 것이 무조건 나쁜 건 아니에요. 걱정을 한다는 것은, 잘하려는 마음이 크다는 뜻이고 그만큼 꼼꼼하게 준비하는 사람일 확률이 높아요. 미래를 일찍부터 준비하는 친구일 테니 듬뿍 칭찬해 주어야겠네요. 무엇보다 이렇게 미리 준비하면 예기치 못한 일이 발생했을 때 덜 당황할 수 있어요. 그러니 걱정이 많은 것이 꼭 안 좋은 건 아니랍니다.

그러나 너무 많이, 너무 자주 걱정하지는 말기로 해요. 왜냐하면 첫째, 누구나 완벽할 수 없어요. 그러니 불안한 마음을 내려놓고 마음을 편히 먹어요. 둘째, 여러분이 하는 걱정 대부분은 아마 실제로 일어나지 않을 거예요. 게다가 세상에는 걱정을 미리 해도 도저히 막을 수 없는 일이 참 많아요. 그러니 크게 숨을 쉬면서 즐거운 상상을 해 봐요. 아직 일어나지도 않은 일에 마음 쓰지 말고, 여러분에게 생길 행복한 일을 상상해 보세요. 기분이 훨씬 좋아질 거예요.

💬 자존감을 키우는 말 연습

미리 걱정한다고 달라지는 건 없어.

크게 숨을 쉬면서 즐거운 상상을 해 봐.

자존감 높이기 활동

요즘 여러분을 불안하게 만드는 걱정이 있나요? 아래 빈칸에 적은 다음 걱정의 크기를 숫자로 써 보세요. 그리고 여러분의 걱정을 부모님이나 선생님과 이야기해 보세요. 더 이상 걱정할 필요가 없어졌다면 가위표를 하거나 지우개로 싹싹 지우세요!

걱정	걱정 크기	어른들의 조언
살이 자꾸 쪄요	100	일단 잘 먹고 그만큼 열심히 운동하면 돼!

15 학급 회장이 되고 싶은데 망설여져

이번에 꼭 학급 회장으로 뽑히고 싶어. 그런데 괜히 선거에 나갔다가 표도 많이 못 받고 창피만 당할까 봐 걱정돼.

왜 그렇게 용기가 없어? 회장 자격이 없네. 자신감이 생기면 그때 도전해.

맞아. 선거에 떨어지면 진짜 창피할 거야. 잘 생각해.

나중에 후회하지 말고 자신 있게 도전해 봐. 너 자신을 믿으라고!

'멋진 선택'은 다음 쪽에서 확인!

멋진 선택 3

학급 회장 선거에 도전하는 친구들이 참 많아요. 그런데 임원으로 뽑히는 친구는 1~2명뿐이지요. 눈치챘나요? 맞아요. 꽤 많은 친구들이 학급 회장 선거에서 떨어진답니다!

선거에서 떨어지면 물론 그 순간에는 기분이 썩 좋지 않을 거예요. 얼굴을 도저히 들 수가 없고 등에 식은땀이 날 정도로 부끄러울 수도 있어요. 하지만 친구들은 여러분이 선거에 떨어졌다는 사실보다는 선거에 도전한 점을 더 오래, 좋은 모습으로 기억할 거예요. 그러니 간절히 원하는 것이 있다면 두려워하지 말고 용감하게 도전해 보세요. 도전조차 하지 않으면 나중에 분명히 후회하게 될 테니까요. '내가 할 수 있을까?', '나쁜 결과가 나오면 어떡하지?' 하면서 의심하고 걱정하기보다는 자신을 굳게 믿고 앞으로 나아가는 사람만이 원하는 것을 얻을 수 있답니다.

💬 자존감을 키우는 말 연습

나중에 후회하지 말고 도전해 봐.

나에 대해 의심하거나 걱정하지 말자.

📝 자존감이 자라는 글쓰기

학급 회장이 된다면 어떤 반을 만들고 싶은지, 반을 위해 어떻게 행동할지 여러분의 다짐을 적어 보아요. 생각만 하지 말고 구체적인 내용을 글로 적다 보면 자신감이 생길 거예요.

● 내가 만들고 싶은 반 :

● 반을 위해 할 일 :

● 나의 다짐 :

16 내 편은 아무도 없는 것 같아

쉬는 시간이 되자 친구들이 무리를 지어 재미있게 놀고 있어. 그런데 나에겐 아무도 다가오지 않아. 교실에 내 편이 없는 것 같아 속상해.

참을성 있게 계속 기다려.
언젠가는 친구들이 다가올 거야.

꼭 네 편이 있어야 해? 혼자서도 잘 놀고, 잘 지낼 수 있어.

네가 먼저 다가가서 누군가에게 든든한 편이 되어 주는 거야.

'멋진 선택'은 다음 쪽에서 확인!

멋진 선택 3

같이 놀자, 야옹~

나만 혼자 남겨진 것 같은 기분이 들 때가 있어요. 내 이야기를 들어 주고, 맞장구쳐 주고, 웃어 주는 사람이 아무도 없다면 너무나 외로울 거예요. 이건 어른들도 종종 느끼는 감정이자 고민이랍니다.

이럴 때 누군가 나의 마음을 알아주고 챙겨 주길 기다리지 말고, 내가 먼저 그런 사람이 되려고 노력하면 어떨까요? 여러분이 먼저 손을 내미는 연습을 해 보세요. 아마 친구들도 똑같은 고민을 하고 있을 거예요. 그 친구에게 여러분이 먼저 마음을 열고 세심한 배려를 보여 준다면 크게 감동할 거예요. 이처럼 내 편이 생기기를 기다리지 말고, 여러분이 먼저 다가가 편이 되어 주세요.

그리고 여러분에겐 이미 든든한 편이 아주 많답니다. 부모님, 선생님, 친구 그리고 반려동물까지! 모두에게 소중한 존재로 사랑받고 있다는 걸 꼭 기억하세요. 그러니 힘들거나 마음이 축 처질 땐 나의 소중한 편들을 떠올리며 힘을 내요. 알겠죠?

💬 **자존감을 키우는 말 연습**

 내가 먼저 손을 내밀어 보자.

나에겐 든든한 편이 많아.

 자존감 높이기 활동

친구들에게 내가 얼마나 근사한 사람인지 알리는 광고지를 만들어 보세요. 아래 빈칸에 나에 대해 적고 내 얼굴을 멋지게 그려 보세요.

나를 소개합니다!

- 이름 :

- 성격 :

- 좋아하는 것 :

- 싫어하는 것 :

- 장점(특기) :

- 닮은 동물 :

17 모두 행복한데 나만 불행한 것 같아

개학 첫날, 국어 시간에 '여름 방학에 행복했던 일'에 대해 써야 했어. 친구들은 모두 신나게 쓰는데 난 좋은 기억이 없어서 쓰질 못했어. 나만 불행한 것 같아.

행복은 대단한 게 아니야. 네가 이미 가지고 있는 행복이 얼마나 많은데!

부모님을 졸라서 갖고 싶은 걸 사 봐. 금방 행복해질걸?

너보다 더 힘든 친구를 찾아보고, 그 친구의 불행을 보면서 기분 풀어.

'멋진 선택'은 다음 쪽에서 확인!

멋진 선택 1

이렇게 행복해도 되나?

내가 갖고 싶던 물건을 선물받거나 맛있는 음식을 먹거나 게임을 실컷 하면 조금은 행복해질 거예요. 그런데 제아무리 행복한 일이 많이 생겨도, 다른 사람과 비교하면서 계속 불평하면 그 행복을 오래 누리지 못해요. 계속 불평하는 사이 불만이 가득 쌓여서 자신의 행복이 눈에 들어오지 않거든요.

여러분, 곰곰이 생각해 보세요. 여러분은 이미 꽤 많은 행복을 가지고 있어요. 몸이 튼튼한 것도 행복이 될 수 있고, 쉬는 시간 친구와 깔깔 수다를 떠는 동안에도 행복을 느낄 수 있어요. 여러분을 조건 없이 사랑해 주는 부모님이 옆에 계시는 것도 엄청난 행복이지요.

이처럼 행복은 그리 대단한 것이 아니에요. 그리 멀리 있지 않고요. 여러분 가까운 곳에, 여러분 마음속에 이미 자리하고 있어요. 겉으로 보이는 모습만으로 친구와 자신을 비교하며 스스로를 괴롭히지 말아요. 자신이 가진 행복을 감사히 여기고 잘 간직하길 바랄게요.

💬 자존감을 키우는 말 연습

불평하기 전에 내가 가진 행복을 찾아봐.

작은 것에도 감사하는 마음을 갖자.

📝 자존감이 자라는 글쓰기

다른 사람과 비교하면서 자신이 불행하거나 못났다고 느끼는 감정이 바로 '열등감'이에요. 열등감을 느꼈던 경험을 적은 뒤, 열등감에서 벗어나 성취감을 느낄 수 있는 작은 목표를 세워 보세요.

- 열등감을 느낀 경험 :

- 이유 :

- 나에게 건네는 긍정의 말 :

- 나의 목표 :

18 작은 일에도 화나고 짜증 나

작은 일에도 벌컥벌컥 화가 나. 그래서 가족과 친구들한테 짜증을 많이 냈어. 그럴 마음은 없었는데, 내 마음이 내 것이 아닌 것 같아.

사람들이 너를 화나게 한 게 맞는데?
네 잘못이 아니야.

너와 가까운 사람들한테는 그래도 돼.
다 이해해 줄 거야.

화나는 마음은 이해돼. 그래도 화내는 대신
네 마음을 정확히 전하면 좋겠어.

'멋진 선택'은 다음 쪽에서 확인!

멋진 선택 3

　동생이 내 물건을 함부로 만지고, 엄마가 입기 싫은 옷을 강요하고, 친구가 약속을 어기면 당연히 화가 나지요. 왜 화가 났는지 그 마음을 충분히 알 것 같아요. '화'는 여러분이 느끼는 여러 감정 중 하나로, 화를 내는 것에 죄책감을 느낄 필요는 없어요. 화가 나면 그 감정을 솔직하게 표현할 줄 알아야 여러분의 마음이 건강할 수 있어요.
　그런데 한 가지 생각해 볼 점이 있어요. 사실 '화'는 문제를 해결하는 데 도움이 되지 않아요. 오히려 다른 사람과 사이가 멀어지거나 안 좋은 영향을 줄 때가 더 많아요. 또 화를 내면 여러분 마음이 시원해지는 게 아니라 우울해지기도 해요. 그러니 무조건 화를 내기보다는 내 마음이 잘 전달되는 말을 하려고 노력하면 좋겠어요. "내 물건을 사용할 땐 미리 물어봐 줘.", "입기 싫은 옷을 억지로 입으면 하루종일 기분이 안 좋아요.", "네가 오지 않아서 무슨 일이 생겼나 걱정했어." 하고요. 한번 실천해 보세요.

💬 자존감을 키우는 말 연습

 '화'는 자연스런 감정이야.

화내지 말고 마음을 정확하게 표현해 봐.

자존감 높이기 활동

평소보다 짜증이 심해지고 작은 일에도 화가 난다면, 스트레스가 많이 쌓여서 그럴 수 있어요. 스트레스를 풀 수 있는 나만의 방법을 찾아서 해 보세요. 노래 부르기, 신나게 춤추기, 재미있는 책 읽기, 땀 흘리는 운동하기 등등 꽤 많은 방법들이 있답니다.

요즘 나를 짜증 나게 하는 일 :

스트레스를 날리는 나만의 방법 :

19 끈기 없는 내가 한심해

문제집을 새로 살 때는 매일 3장씩 꼭 풀겠다고 다짐했는데, 며칠 못 가서 흐지부지되고 말았어. 끈기가 부족한 내가 너무 한심해.

끝까지 해내는 일은 원래 어려워.
계획표를 만들면 훨씬 도움이 될 거야.

그러게. 지키지도 못할 계획은 뭐 하러 세워. 자신 없으면 그냥 하지 마.

끈기 있게 안 해도 돼. 공부도 진짜 하고 싶을 때 해야 잘돼.

'멋진 선택'은 다음 쪽에서 확인!

멋진 선택 1

나의 목표는 옥토끼!

'이번에는 꼭 해낼 거야!' 굳게 다짐해도 행동이 따라가지 못할 때가 많지요? 해야 한다는 걸 알지만, 귀찮기도 하고 힘들게 노력하는 일은 하기 싫거든요. 그래서 많은 사람들이 못할 수밖에 없는 핑곗거리를 찾거나 남 탓을 하곤 하지요.

하지만 이 모든 것은 여러분의 책임이에요. 하기 싫어서 자꾸만 미루려는 마음은 결국 여러분이 만든 것이지요. 그 마음을 과감히 밀어내고 '나와의 약속을 지키자. 할 수 있어.'라고 마음을 다져 보세요. 똑같은 상황에서 누군가는 계획을 잘 지켜서 성공하기도 하잖아요? 그러니 여러분도 못 할 이유가 없어요. 어떻게 하면 해낼 수 있을까 방법을 찾으면 좋겠어요. 가장 좋은 방법은 계획표를 만드는 거예요. 잘 보이는 곳에 붙여 두고 계속 쳐다보면 훨씬 힘이 날 거예요. 그리고 거창한 계획보다는 쉬운 계획을 하나씩 성취해 가면서 꾸준히 해 보는 경험을 추천해요.

💬 자존감을 키우는 말 연습

미루는 순간 하기 싫어져. 미루지 말자!

나와의 약속을 지키려고 노력하자.

📝 자존감이 자라는 글쓰기

끈기 있게 해내려면 '책임감'과 '노력'이 반드시 필요해요. 이 두 낱말을 넣어서 내게 의지를 북돋워 주는 표어를 만들어 보세요.

예시

'책임감'이 생기면 '노력'은 저절로 따라온다.

나와의 약속을 지키는 '책임감' 있는 사람이 되도록 '노력'하자.

동생이 없으면 좋겠어

동생은 아주 사소한 것 하나도 절대 양보 안 해. 너무너무 얄미워! 부모님이 언니니까 양보하라고 동생 편을 들 때면 더 속상해.

어린 동생을 배려하는 건 당연해.
속상하겠지만 받아들여.

동생은 경쟁자가 아니야. 함께 성장하는 제일 가까운 사이라고.

동생 편만 들어서 속상하다고 부모님께 화풀이를 해 봐. 마음이 좀 풀릴 거야.

'멋진 선택'은 다음 쪽에서 확인!

멋진 선택 2

형제자매는 같은 핏줄로 연결된 소중한 가족이에요. 함께 있으면 행복할 때도 많지만, 또 반대로 한 공간에서 서로 양보하고 배려할 상황이 많아 투닥투닥 다툴 때도 많지요. 분명 가장 가까운 사이인데, 또 가장 많이 다투는 사람이에요.

그런데 마음에 꼭 새겨야 할 것이 있어요. 형제자매는 내가 이겨야 하는 사람, 나와 경쟁하는 사이가 아니랍니다. 내가 더 많이 갖고 싶고, 더 먼저 하고 싶어서 이기려고만 들면 마음도 괴롭고 서로에게 상처를 주게 돼요. 그러니 미워하는 마음을 훌훌 털고 서로 배려하자고 말해 보세요. 그러면 좋은 영향을 주고받으며 함께 성장하는 사이, 행복을 함께 나누는 사이가 될 거예요.

그리고 부모님은 좀 더 어린 동생을 먼저 챙길 수밖에 없었을 거예요. 여러분을 동생보다 덜 사랑한다고 생각한다면 완전히 틀렸어요. 부모님의 사랑은 결코 변하지 않으며 크기가 줄어들지도 않아요.

💬 자존감을 키우는 말 연습

"형제자매는 이겨야 하는 경쟁자가 아니야."

"나와 함께 성장하는 제일 가까운 사람이야."

📔 자존감이 자라는 글쓰기

부모님의 사랑은 변하지 않고 항상 똑같아요. 부모님 나를 많이 사랑한다고 느꼈던 경험을 적어 보세요. 어떤 일이었는지, 그때 기분이 어땠는지도 같이 써 보아요.

- 언제 :

- 사랑을 느낀 경험 :

- 내가 느낀 기분 :

21 무엇을 어떻게 해야 하는지 모르겠어

며칠 뒤 반에서 줄넘기 대회가 열려. 다들 열심히 연습하는데 나는 뭘 어떻게 하면 되는지 도통 모르겠어.

작은 목표부터 정해 봐. 일단 5개 연속 넘기! 이걸 해내면 다른 목표를 세우는 거야.

아무 생각이 안 날 때가 있어. 오늘은 아프다고 핑계 대고 그냥 쉬어.

잘하는 친구를 똑같이 따라 하면 돼. 그 방법이 가장 확실해.

'멋진 선택'은 다음 쪽에서 확인!

멋진 선택 1

뭘 해야 할지 잘 모르겠다고요? 목표가 없어서 그래요. 일단 내가 진정으로 원하는 것이 무엇인지 정확히 알아야 해요. 그래야 목표를 정할 수 있답니다. 예를 들어 줄넘기를 잘하고 싶다면 줄넘기 실력을 키우는 것을 목표로 세우면 돼요.

그런데 잘하고 싶은 마음에 처음부터 너무 큰 목표를 잡으면 시작도 하기 전에 지쳐요. 제대로 연습한 적도 없으면서 '한 번도 안 걸리고 줄넘기 100개 넘기'를 목표로 하는 것은 불가능에 가까워요. 당연히 목표를 달성하지 못할 것이고 그럼 '역시 난 안돼.' 하면서 자신감만 떨어지겠지요? 그러니 성공 확률이 높은 작은 목표를 세워서 성공하는 경험을 많이 쌓으면 좋겠어요. 그런 다음 조금씩 목표를 높여 보세요. 일단 시작하는 것이 중요합니다. '시작이 반'이라는 속담도 있잖아요? 그리고 잊지 마세요. 목표가 있는 사람과 없는 사람은 그 결과가 완전히 다르답니다!

💬 자존감을 키우는 말 연습

내가 진심으로 원하는 것을 찾아봐.

목표가 생기면 생각도 마음가짐도 달라져.

자존감 높이기 활동

자신감을 키워 주는 작은 목표를 세워 보세요. 걱정은 잠시 접어 두고 용감하게 도전해 보아요!

번호	목표	목표 달성을 위한 계획과 방법
1	기타 배우기	· 무료 강좌 찾아보기 · 매일 30분씩 연습하기
2		
3		
4		

22 혼자서는 아무것도 못 하겠어

엄마가 심부름을 부탁했는데 혼자 마트에 갈 용기가 안 나. 혼자 있으면 목소리도 작아지고 모든 게 다 자신 없어.

그렇게 용기가 없어서 어쩌려고 그래? 정말 큰일이다.

아주 작은 일부터 혼자서 하나씩 해 봐. 점점 나아질 거야.

그렇게 힘들면 어쩔 수 없지. 다른 사람들한테 미루거나 부탁하는 수밖에.

'멋진 선택'은 다음 쪽에서 확인!

멋진 선택 2

혼자서 잘할 수 있는 능력을 하나씩 갖추는 것이 바로 '성장'이에요. 나중에 어른이 되었을 때 혼자 잘살 수 있도록 지금 많은 사람들과 어울리며 다양한 경험을 쌓고 공부를 하는 것이랍니다. 여러분은 아직 한창 성장 중이라 혼자 할 수 있는 일이 당연히 많지 않아요. 그러니 엄청 큰 잘못인 것처럼 자신을 원망하지 않았으면 해요.

무엇이든 다 처음이 있어요. 처음에는 모든 것이 어렵고 낯설어요. 그렇지만 주변의 어른들이 많이 도와줄 것이고, 친구들도 많이 응원해 줄 거예요. 혹시 혼자서 해 보다가 잘못되면 어쩌지, 내 선택이 틀렸으면 어쩌지 하는 생각은 하지 말아요. 천천히 생각하고, 쉬운 일부터 하나씩 도전해 보는 경험을 늘려 가면 돼요. 그러면 처음에는 어렵던 일도 어느새 뚝딱 해낼 수 있을 거예요.

그리고 혼자 할 수 없다고 해서 용기가 부족한 건 아니에요. 아직 준비가 안 됐을 뿐이지요. 여러분은, 우리 모두는 할 수 있어요!

💬 자존감을 키우는 말 연습

아직 준비가 안 됐을 뿐이야. 점점 나아질 거야.

혼자서 할 수 있는 일을 하나씩 늘려 보자.

📓 자존감이 자라는 글쓰기

여전히 혼자 하기 어렵고 부끄러운 일이 있나요? 그 일이 무엇인지, 어떻게 극복하면 좋을지 다짐을 적어 보세요. 만약 이겨 냈다면 나의 극복기를 자세히 적어도 좋아요.

● 혼자 하기 어려운 일 :

● 이유 :

● 나의 다짐 :

23 모든 것이 귀찮고 하기 싫어

학원 숙제, 피아노 연습, 책상 정리, 일기 쓰기! 어휴, 해야 할 일이 진짜 많은데 너무 귀찮아. 아무것도 하기 싫어.

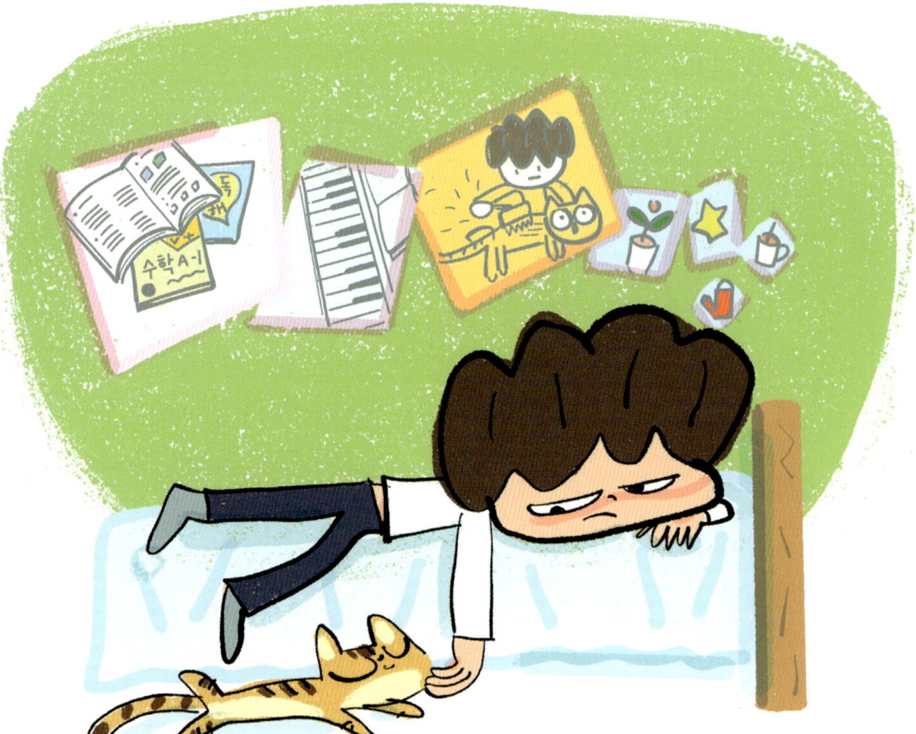

우선 제일 중요한 것을 하나 골라서 시작해. 한꺼번에 다 하려고 하지 말고.

계획을 세워서 미리미리 했어야지. 넌 계획성이 없는 게 문제야.

어차피 오늘 다 못 할 것 같은데? 스트레스 받지 말고 그냥 머릿속에서 지워.

'멋진 선택'은 다음 쪽에서 확인!

멋진 선택

먼저 이것부터!

모든 게 하기 싫고, 귀찮을 때가 있어요. 이상하게 그런 날은 유독 해야 하는 일이 많이 생겨요. 무엇부터 해야 하지, 갈팡질팡하다 보면 마음이 너무 힘들고 점점 더 하기 싫어지지요. 이럴 때 여러분이 꼭 점검해야 할 것이 있어요.

첫째, 요즘 내 몸의 컨디션이 어떤지 살펴보세요. 자신도 모르게 피곤이 쌓였을 수 있고 몸이 아프면 모든 게 하기 싫고 귀찮아질 수 있거든요. 그렇다면 우선 잘 쉬어야 해요. 힘들고 지칠수록 잘 쉬어서 에너지를 충전해야 내일을 또 힘차게 움직일 수 있어요.

둘째, 해야 할 일 중에서 무엇이 제일 중요한지 가만히 살펴보세요. 모든 것을 다 해내야 하고 잘해야 한다고 생각하면 스트레스가 쌓여서 오히려 일이 잘 안돼요. 그러니 제일 중요한 것 하나에 집중해서 일단 그것만이라도 잘하려고 노력하세요. 그렇게 해내고 나면, 이 작은 성취가 그다음 일을 시작할 수 있는 힘을 줄 거예요.

💬 자존감을 키우는 말 연습

아픈 곳은 없는지 내 몸을 먼저 살피자.

제일 중요한 것부터 하나씩 집중하자.

🖍️ 자존감 높이기 활동

아무리 애를 써도 귀찮고 의욕이 없다면 아래 항목을 체크해서 내 마음이 아픈 건 아닌지 알아보세요.

- ☐ 밤에 잠이 잘 오지 않는다.
- ☐ 안 좋은 일이 생기면 내 탓을 한다.
- ☐ 무슨 일이든 집중하기 어렵다.
- ☐ 친구들이 나를 싫어하는 것 같다.
- ☐ 내가 쓸모 없는 사람처럼 느껴진다.
- ☐ 우울한 기분이 오래 지속된다.
- ☐ 미래가 막막하게 느껴진다.
- ☐ 세상에 혼자 있는 것처럼 외롭다.
- ☐ 모든 일이 귀찮다.
- ☐ 살이 급격하게 빠졌거나 쪘다.
- ☐ 머리가 자주 아프고 소화가 안된다.
- ☐ 입맛이 없다.

*7개 이상 해당된다면 부모님께 알리고 전문가 선생님의 도움을 받아 보세요.

24 잘하고 싶은데 마음대로 안돼

리코더를 잘 불고 싶어서 진짜 열심히 연습했어. 그런데 도통 실력이 늘지 않아. 난 잘하고 싶은 욕심만 많고, 재능은 하나도 없나 봐.

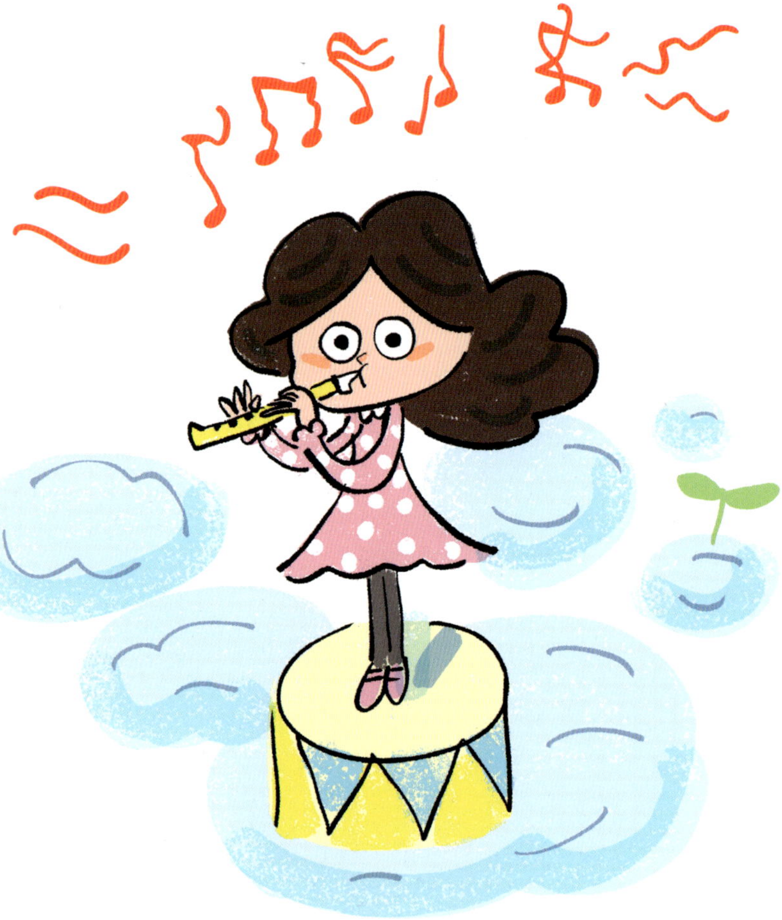

꼭 잘해야 해? 완벽하지 않아도 돼.
리코더 연주 자체를 즐겨 봐.

열심히 했다고 하지만 연습이 부족한
거야. 불평하지 말고 더 연습해.

그렇게 해도 안되면 소질이 없는 거야.
그만두고 다른 악기를 찾아봐.

'멋진 선택'은 다음 쪽에서 확인!

멋진 선택 1

와, 재밌는데?

잘하고 싶은데 생각만큼 안돼서 속상하군요. 그래도 여러분은 일단 칭찬받아 마땅합니다. 왜냐고요? 잘하고 싶다는 마음을 품었으니까요. 그건 여러분 마음속에 이미 긍정의 씨앗이 자라고 있다는 뜻이에요. 이렇게 자신에 대해 긍정적인 마음을 품고 최선을 다해 노력할 줄 아는 것, 이것도 정말 대단한 재능이랍니다.

그런데 열심히 연습한 과정은 잘 보이지 않고, 결국 실력으로만 평가받게 되니 마음이 조급해지고 속상한 마음이 들 거예요. 그래도 포기하지 말고 그냥 연습 과정 자체를 더 즐기면 좋겠어요. 완벽히 해내지 못해도 괜찮아요. 다른 사람들에게 칭찬받는 것에 집착하기보다, 연습하는 시간을 즐거워하면서 노력하는 사람이 되면 좋겠어요. 그러다 보면 실력도 쑥쑥 자랄 거예요.

💬 자존감을 키우는 말 연습

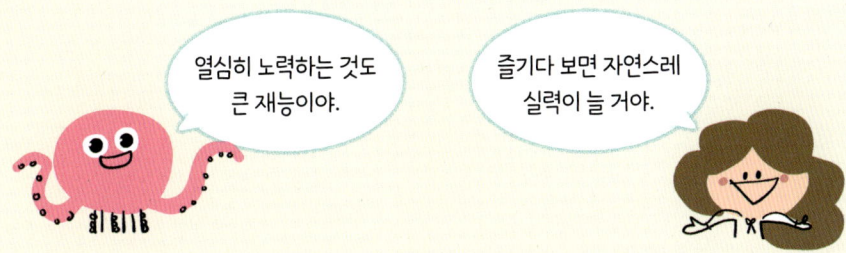

📅 자존감이 자라는 글쓰기

여러분은 꼭 해내고 싶은 일이 있나요? 그럼 열심히 노력해서 성공하는 장면을 상상해 보세요. 그때 기분이 어떨지 자세히 적어 보아요. 희망찬 미래를 그리며 노력하는 사람은 꿈을 이룰 가능성이 아주 높답니다.

● 꼭 이루고 싶은 일

❶

❷

❸

● 성공했을 때 나의 기분 :

25 뭐든 잘하는 친구가 부러워

뭐든지 잘하는 친구가 자신감 넘치는 표정으로 '나의 특기'에 대해 발표하고 있어. 그 모습을 보니 부럽고 마음이 움츠러들어. 난 왜 잘하는 것이 하나도 없을까?

부러워만 하면 발전할 수 없어.
부지런히 쫓아갈 생각을 해야지.

다른 사람과 비교하지 마. 너도 충분히
멋져. 아마 널 부러워하는 친구도 있을걸?

네 특기를 부풀려서 발표해 봐.
주눅 드는 것보단 낫잖아.

'멋진 선택'은 다음 쪽에서 확인!

멋진 선택 2

난 나야!

장점이 없는 사람은 없습니다. 반대로 단점이 없는 사람도 없지요. 우리는 제각기 장단점을 지니고 있고 그래서 서로 다른 매력이 있는 거랍니다. 그러니 다른 사람과 나를 비교하면서 내 능력을 깎아내릴 필요는 없어요. 물론 다른 사람의 장점을 본받으려고 노력하는 것은 아주 훌륭한 태도예요. 하지만 하염없이 남을 부러워만 하면서 나 자신을 초라하게 만드는 태도나 마음은 조심해야 해요.

여러분은 지금 모습 그대로도 충분히 멋져요. 그리고 노력하면 무엇이든 할 수 있고, 무엇이든 될 수 있는 존재들입니다. 잘하는 걸 아직 못 찾았을 뿐이지요. 여러분이 어떤 것에 관심이 있는지 곰곰이 생각해 본 다음, 내 안에 잠들어 있는 가능성을 믿고 일단 시작해 보세요. 여러분도 특기 부자가 될 수 있어요!

💬 자존감을 키우는 말 연습

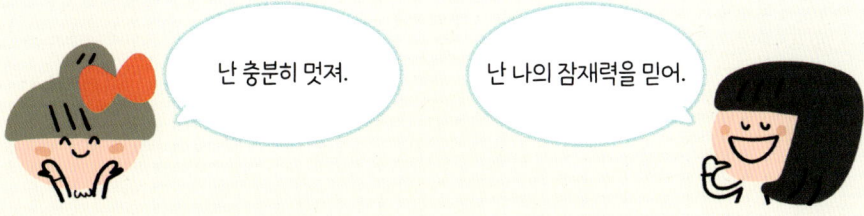

난 충분히 멋져.

난 나의 잠재력을 믿어.

📅 자존감이 자라는 글쓰기

내가 갖고 싶은 특기가 무엇인지 적어 보세요. 그 특기를 원하는 이유와 특기를 기르기 위한 계획과 노력도 함께 생각해 보세요.

● 갖고 싶은 특기 :

● 이유 :

● 특기를 기르기 위한 계획과 노력 :

단점을 장점으로! 리프레이밍 연습

아침에 알람 소리를 놓쳐 늦잠을 자면 어떤 기분이 드나요?

아마 많은 친구들이 지각할까 봐 허둥지둥할 테고 짜증도 날 거예요.

그런데 이렇게 생각해 보면 어때요?

"몇 분 더 잤더니 몸이 훨씬 상쾌한데?"

"알람 소리를 못 들은 덕분에 푹 잤어."

'프레임'은 어떤 상황이나 대상을 해석하는 방법을 말해요.

'리프레이밍'은 이 프레임을 새롭게 바꾼다는 뜻이지요.

그러니까 위의 예시처럼 나에게 일어난 일을 다른 관점에서 바라보면,

똑같은 상황도 전혀 다르게 느껴질 거예요.

평소에는 괴롭고 힘들게 여겼던 일들이

오히려 즐겁게 느껴질 수 있답니다.

자, 그럼 지금부터 여러분의 생각을

리프레이밍해 볼까요?

1 단계 　스스로 단점이라고 여기는 것을 적으세요!

- 싫증을 잘 내요.
-
-
-

2 단계 　단점을 긍정적으로 리프레이밍해 보세요.

- 싫증을 잘 내요.　→　● 다양한 분야에 호기심이 많아요.
- 　→
- 　→
- 　→

109

3단계 단점이 장점으로 바뀌었어요!

바뀐 장점은 내게 어떤 긍정적인 영향을 줄까요? 또는 장점을 다른 말로 설명해 보세요.

- 싫증을 잘 내요. → • 다양한 분야에 호기심이 많아요.
→ • 다른 일이 주어져도 금방 집중하고 적응을 잘해요.

긍정 파워를 심어 주는 리프레이밍 목록

	단점	리프레이밍으로 바뀐 장점
1	말이 없는 편이다	다른 사람의 말을 잘 들어 준다
2	성격이 급하다	일 처리가 빠르다
3	돋보이고 싶어 한다	자신을 적극적으로 표현한다
4	거절하는 것이 힘들다	친절하고 다정하다
5	잘 운다	감수성이 풍부하다
6	지기 싫어한다	의욕이 넘치고 뭐든 잘하고 싶어 한다
7	혼자 조용히 있는 것을 좋아한다	독립적인 성격이다
8	의견을 말하기 어렵다	다른 사람의 의견을 존중한다
9	느긋하고 태평하다	성격이 예민하지 않고 둥글둥글하다
10	결정을 망설인다 (우유부단)	매사에 신중하게 생각한다
11	성격이 세다	자신감이 넘친다
12	딴생각을 자주 한다	상상력이 풍부하다
13	장난을 많이 친다	유머가 있고 사람들을 즐겁게 해 준다
14	깐깐하고 따지기 좋아한다	자신의 생각을 분명하게 말한다
15	소극적이다	태도가 부드럽고 온화하다
16	기분이 수시로 바뀐다	열정이 많고 활발하다
17	취향이 특이하다	개성이 강하고 특별하다

초등 교과 연계

국어 3-2 5. 즐겁게 대화해요	도덕 3 1. 나와 너, 우리 함께
국어 4-2 3. 바르고 공손하게	도덕 3 3. 사랑이 가득한 우리 집
국어 5-1 1. 대화와 공감	도덕 4 2. 공손하고 다정하게